El CLUB DEPORTIVO

El Fútbol

Jason Page

TWO
CAN
PRINCETON ■ LONDON

Publicado en Estados Unidos y Canadá por
Two-Can Publishing LLC
234 Nassau Street
Princeton, NJ 08542

www.two-canpublishing.com

© 2001 Two-Can Publishing

Para más información sobre libros y multimedia Two-Can, llame al
teléfono 1-609-921-6700, fax 1-609-921-3349 o consulte nuestro sitio
Web http://www.two-canpublishing.com

Texto: Jason Page
Editora: Jacqueline McCann
Asistente del editor: Lucy Arnold
Director de arte: Belinda Webster
Diseñadores: Helen Holmes and Joanna Pocock
Consultores: Graham Ramsay, Maryland State Youth Soccer Association
Figuras generadas por computadora: Jonatronix
Ilustraciónes por computadora: Mel Pickering
Recolección de fotografías: Jenny West
Producción: Adam Wilde
Versión en español: Susana Pasternac

Reservados todos los derechos. Ni la totalidad, ni parte de esta
publicación pueden reproducirse, registrarse o transmitirse, por
un sistema de recuperación de información, en ninguna forma ni
por ningún medio, sea electrónico, mecánico, fotoquímico, magnético,
por fotocopia, grabación o cualquier otro, sin permiso escrito previo
del editor.

'Two-Can' es una marca registrada de Two-Can Publishing.
Two-Can Publishing es una división de Zenith Entertainment plc,
43-45 Dorset Street, London W1U 7NA

HC ISBN 1-58728-398-0
SC ISBN 1-58728-397-2

1 2 3 4 5 6 7 8 9 10 03 02 01

Créditos de fotos: Action Images p12, p14, p18, p22, p26, p29 (abajo
izquierda); Allsport p5, p10, p16, p24, p29 (abajo derecha);
Colorsport p20, p28 (abajo), p29 (arriba); Empics p19, p27, p28
(arriba); PA News p21; Popperfoto p8
Tapa: Allsport (arriba izq. y abajo; Colorsport (arriba der.); Action
Images (contratapa)

Impreso en Hong Kong por Wing King Tong

Contenido

Explicación de las palabras en **negrita** del texto y otros términos útiles del fútbol.

Para comenzar

66 Hola, soy tu entrenador y mi trabajo consiste en ayudarte a dominar las destrezas básicas para jugar al **fútbol**, el juego de equipo más popular del mundo. Todo lo que necesitas es un espacio abierto, un balón y algunos amigos, y estarás listo para comenzar a entrenarte. 99

Lo que necesitas

Todos los jugadores de un equipo llevan una camiseta del mismo color, llamada uniforme, que indica que juegan para el mismo grupo. Muy a menudo, los jugadores llevan un número en la camiseta. Para los juegos al aire libre, lo único que necesitas son unos zapatos o botines con tacos de rosca que se agarran al césped y una pelota de fútbol.

Verifica antes de cada partido que los tacos no estén gastados.

Elige un balón que corresponda a tu tamaño (menos de 9 años, usa tamaño 3 y menos de 12, tamaño 4).

Las espinilleras o canilleras protegen la parte frontal de tus piernas.

Las medias largas ayudan a mantener las espinilleras en su lugar.

Calentamiento

El calentamiento es esencial antes de comenzar el partido. Afloja y estira tus músculos para evitar lesiones dolorosas. Corre alrededor de la cancha o salta durante unos minutos, luego trata estos simples ejercicios para los muslos y las rodillas. Termina con una carrera corta y estarás listo para jugar. Si quieres aprender más, observa los métodos que usan otros equipos.

Para estirar el muslo, sostén el tobillo y suavemente tira hacia tus nalgas. Cuenta hasta cinco y suéltalo. Repite con la otra pierna.

Para ejercitar tu tobillo, estira hacia delante el pie. Hazlo girar en círculo mientras cuentas hasta diez. Haz lo mismo con el otro pie.

Malabarismos divertidos

Ahora que has terminado de calentarte, practica el control del balón. Prueba cuánto puedes mantenerlo en el aire con un pie, muslo, cabeza o pecho. Pídele a un amigo que te cronometre. Trata de no tocar el balón con tus brazos o manos porque eso está prohibido en el fútbol.

Practica dar patadas cortas. Inclínate hacia atrás y dobla un poco tus rodillas. Deja caer el balón sobre tu pie y pégale con firmeza diez veces con la punta de tu zapato.

Haz rebotar el balón en tu muslo. Cuando logres hacerlo diez veces seguidas, prueba mantenerlo en el aire con la cabeza y el pecho.

Patear la pelota

Antes de comenzar el juego, practica **pases** de pelota con un amigo. Comienza tirando el balón con la parte interior de tu pie. Luego, varía la técnica usando otras partes de tu pie. Esto te ayudará a acostumbrarte al balón.

La mejor manera de patear el balón es con el interior del pie y no la punta. Apunta hacia el centro de la pelota para mantenerla a media altura.

interior del pie

empeine

suela

exterior del pie

Si usas el interior y el exterior del pie, el empeine y la suela podrás controlar el balón o hacer que vaya en diferentes direcciones.

◄ El buen entendimiento del equipo ayuda a jugar bien y a gozar del juego. Practica las destrezas y las tácticas de este libro y jugarás un buen partido de equipo con tus amigos.

CONSEJO

No le tengas miedo al balón, acostúmbrate a él y ten confianza en tu habilidad.

Descubre el equipo

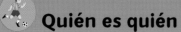

"En la escuela secundaria, el equipo se compone de 11 jugadores. Las posiciones principales son **delantero, mediocampista, defensa** y **guardameta**, también llamado portero o arquero. En la escuela primaria es mejor jugar 4 contra 4 ó 7 contra 7. Hay menos reglas y más posibilidades de patear y pasar la pelota. La mayoría de los niños juega simplemente un fútbol de calle o **fútbol rápido**."

Alineación del equipo

El entrenador puede decidir que su equipo sea más ofensivo poniendo más delanteros o hacer que juegue a la defensiva usando más defensas. La **alineación** más común usa cuatro defensas, cuatro mediocampistas y dos delanteros y se le conoce como alineación 4-4-2.

▶ Comienza el partido y el equipo de azul está en su medio campo. Los jugadores están formados en 4-4-2. Esta alineación muestra un buen equilibrio entre ataque y defensa.

Delanteros

Nuestro trabajo consiste en anotar goles contra nuestros rivales. Debemos ser rápidos y escurridizos para burlar la defensa del otro equipo y ponernos en la mejor posición para patear. También debemos ser muy precisos y capaces de patear con los dos pies.

Ataque
Dos delanteros van al frente. Casi nunca suben mucho por su propio campo.

Rafa
delantero

Ana
mediocampista

José
mediocampista

Sara
defensa

Juan
defensa

Julia
guardameta

Lateral izquierdo
Los laterales de izquierda prefieren generalmente patear con el pie izquierdo.

Cuidar la portería
El guardameta se queda cerca de la portería. Debe estar atento y en guardia todo el tiempo.

Mediocampistas

A nosotros nos toca enviar el balón a los delanteros o patearla nosotros mismos. Si perdemos la pelota, volvemos corriendo a nuestro campo para defenderlo, por eso tenemos que estar en muy buen estado.

José

Raúl

Ana

Daniel

Defensas

Nuestra labor es prevenir que el equipo adversario llegue a nuestra área penal o meta. Para eso tenemos que quitarle el balón y llevárnoslo o patearlo a un lugar seguro.

Juan

Tomás

Sara

Sergio

Guardameta

Yo soy la guardameta. Cuando todo el resto fracasa, me toca a mí parar la pelota para que no entre en mi portería. Tengo que ser rápida y valiente. Soy la única jugadora que puede usar las manos y los brazos para atajar, pero sólo dentro del área penal.

Julia

Rosa
delantera

Raúl
mediocampista

Daniel
mediocampista

Medio campo
Cuatro mediocampistas cuidan parte de la cancha. Atacan y defienden.

Tomás
defensa

Defensa
Cuatro fuertes defensores protegen su medio campo y al guardameta.

Sergio
defensa

Lateral derecho
Los laterales de derecha prefieren generalmente patear con el pie derecho.

7

El reglamento

❝ Yo soy el **árbitro** y también me llaman el silbante. Si un jugador rompe el reglamento y comete una **falta**, yo toco el silbatazo para detener el juego. Puedo adjudicar un **tiro libre** o mostrar la **tarjeta amarilla** como amonestación. Una **tarjeta roja** significa expulsión. Yo soy el que manda en la **cancha**. ❞

▲ El **mediocampista** inglés David Beckham recibe una tarjeta roja durante la **Copa Mundial** de 1998.

La cancha

El objetivo del juego es anotar el mayor número de goles. Un juego entre adultos dura 90 minutos mientras que tu juego puede durar de 60 a 70 minutos. En la mitad del juego hay un intervalo llamado **medio tiempo**. Todos los movimientos ocurren en un campo de fútbol o **cancha**. Veamos...

Círculo central
Durante el **saque inicial** tus oponentes no pueden entrar en este círculo hasta que hayas pateado el balón.

Punto central
Patea desde aquí el saque inicial, después de anotar un gol y después del medio tiempo.

Esquina
Pon aquí la pelota para hacer el **tiro de esquina**.

Área penal
Este es el área del **guardameta**. Si cometes aquí una **falta**, ¡el árbitro puede otorgar un **tiro penal** en contra tuyo!

Punto penal
Desde aquí tiras tu penal.

Línea de meta
Si el balón cruza esta línea, el árbitro concederá un saque de esquina o un **saque de puerta** también llamado despeje de puerta.

Gol
Si el balón cruza el área de meta y entra en el arco, ¡has marcado un gol!

Área de meta
El portero patea desde aquí el saque de puerta.

Línea de medio campo
Los jugadores deben estar en su medio campo antes del saque inicial.

Línea de banda
Cuando tiras el balón más allá de esta línea, el árbitro otorga un **saque de banda** al otro equipo.

Semicírculo del área
Durante un tiro penal, sólo puede entrar en esta área el jugador que tira el penal.

línea de meta

línea de banda

línea de banda

línea de meta

Faltas y tiros libres

¿Qué es una falta?

1 Cuando tocas a tu oponente antes de tocar la pelota.

2 Empujar, patear o agarrar a tu oponente.

3 Quitar la pelota por detrás.

4 Tocar la pelota con tus manos o brazos.

5 Obstrucción, ponerte en el camino de tu oponente.

¿Qué ocurre entonces?

Si cometes una falta accidentalmente, el árbitro otorga un **tiro libre indirecto** al equipo rival. Si el árbitro piensa que fue intencional, otorga un **tiro libre directo**.

Tiro libre indirecto

La pelota rebota más alto de lo que Sergio esperaba y es un **toque de mano**. El árbitro otorga un tiro libre indirecto al otro equipo.

Los de rojo hacen el tiro libre indirecto. Deben pasar la pelota por lo menos una vez antes de patearla. ¡Gol!

Tiro libre directo

Cuando José corre con el balón, un **defensa** de rojo trata deliberadamente de quitársela desde atrás. El árbitro concede un tiro libre directo al equipo de José.

A Rosa le toca hacer el tiro libre directo. ¡Rosa **patea** la pelota derecho al arco y marca! ¡Muy bien, Rosa!

Reglas para el fuera de juego

Cuando detrás de ti un compañero de tu equipo te **pasa** el balón, tiene que haber por lo menos dos jugadores contrarios a tu lado o a tu nivel o entre ti y el portero. En caso contrario, estás **fuera de juego** y el árbitro concederá un tiro libre al otro equipo.

Esta regla no cuenta si:

1 estás en tu medio campo,

2 estás detrás de la pelota,

3 recibes el balón de un saque de banda o saque de puerta.

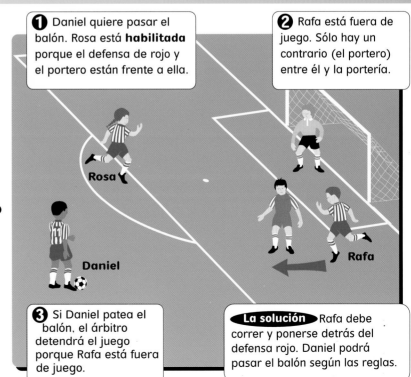

❶ Daniel quiere pasar el balón. Rosa está **habilitada** porque el defensa de rojo y el portero están frente a ella.

❷ Rafa está fuera de juego. Sólo hay un contrario (el portero) entre él y la portería.

❸ Si Daniel patea el balón, el árbitro detendrá el juego porque Rafa está fuera de juego.

La solución Rafa debe correr y ponerse detrás del defensa rojo. Daniel podrá pasar el balón según las reglas.

9

Giros y regateos

"Ahora es el momento de mejorar tus habilidades. Comencemos con el **regateo** que en la jerga del **fútbol** quiere decir esquivar con la pelota a los **defensas** rivales. Una vez que sepas hacer lo básico, podrás contornear a tus adversarios."

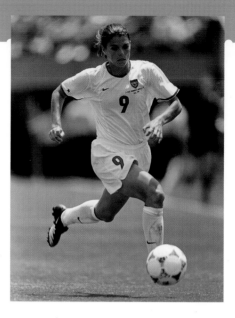

▲ Mia Hamm, de Estados Unidos, muestra sus habilidades de regateo contra China en la **Copa Mundial**

Regateo básico

El secreto de un buen regateo es no pegarle muy fuerte al balón. Éste nunca debe estar a más de un paso delante de ti. Sigue la pelota empujándola con los costados de tu pie. Recuerda que si no puedes alcanzarla, no la podrás controlar.

Con el interior y exterior de su zapato Ana controla el balón. Su cuerpo está siempre encima de él mientras busca a un jugador de su equipo disponible.

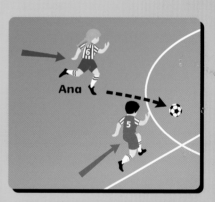

Ana necesita practicar más su regateo. Tiró la pelota muy lejos y dejó que su rival se la robara.

Parada y giro

Una excelente manera de escapar de un rival cuando regateas es cambiar repentinamente de dirección. Para eso haz lo siguiente: salta sobre el balón y páralo usando el taco o suela de tu zapato. Gira rápidamente y corre en la misma dirección que la pelota.

Daniel tiene el balón, pero su rival se le acerca. Daniel se detiene de pronto, se sube a la pelota y la mata con el pie.

Daniel empuja hacia atrás el balón, gira y corre en otra dirección. ¡El defensa de rojo no lo vio venir!

Fintar

Fintar es fingir que estás por girar en una dirección y hacerlo en otra. Para engañar a tu rival, prueba mirando en otra dirección, bajando tus hombros o torciendo el cuerpo. Mira cómo hace Rosa...

❶ Rosa regatea por la cancha hacia un defensa de rojo que le **tapa** el paso. Observa como mantiene el balón cerca de su pie. ¡Muy bien, Rosa!

❷ Cuando se acerca al defensa de rojo, Rosa baja su hombro derecho para que crea que está por girar hacia la derecha. El defensa se deja engañar.

❸ Rápida como un rayo, Rosa gira hacia su izquierda, controlando la pelota con el exterior de su pie izquierdo. El defensa de rojo parte hacia su izquierda, pero Rosa lo esquiva y se aleja corriendo.

El enganche

Cuando un defensa te está marcando, haz esto: usa el interior de uno de tus pies para enganchar el balón, mientras giras sobre el talón del otro pie.

José se inclina levemente hacia un lado. Se estira hacia la pelota y la engancha con el interior de su pie derecho.

José da media vuelta sobre su pie izquierdo y corre en otra dirección con el balón.

CONSEJO

Es peligroso regatear en tu área de penal. Muestra tus cualidades en el medio campo o cerca del arco que atacas.

¡ENTRÉNATE!

Para probar tus habilidades en el regateo, pon una serie de conos de tráfico (o unas camisetas) a unos dos metros de distancia cada uno. Luego practica regatear con el balón, entrando y saliendo por los obstáculos.

Varía tu paso, acelerando o aminorando. Cuando llegues al último obstáculo, gira y comienza de nuevo en sentido contrario.

El pase

El pase es vital para los **mediocampistas** como yo, pero todos los jugadores deben aprender a hacerlo. Pasar bien el balón entre los jugadores de un mismo equipo es esencial para anotar goles. ¡Presta atención y te mostraré cómo se hace!

▲ Juan Verón, de Argentina, es el "cerebro" de su equipo. Crea los más variados ataques con sus pases inteligentes.

Pase corto

Si uno de tus compañeros de equipo está en mejor posición que tú, ¡pasa la pelota! Un pase corto por el suelo es fácil. Sólo necesitas practicar tu control del balón. Otra cosa, sólo usa este tipo de pase si hay un espacio abierto entre ti y tu compañero.

José pone el pie de apoyo al costado del balón y gira su cuerpo hacia el objetivo. Mira cómo mantiene el torso y la cabeza sobre el balón.

José balancea el otro pie y le pega a la pelota en el centro para mantener el pase bajo. También puedes hacerlo con el interior o exterior de tu pie.

El sombrero

El sombrero es un pase corto que eleva el balón en el aire. Usa esta técnica para pasar la pelota cuando hay un rival en el medio. Con práctica, lograrás disparar el balón por encima de la cabeza de tu rival y hacerlo aterrizar a los pies de tu compañero de equipo.

Raúl pone el pie de apoyo al costado de la pelota. Con el otro pie, le pega por debajo y la acompaña para darle más impulso.

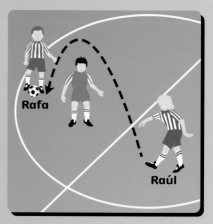

Rafa

Raúl

Con un tiro corto, Raúl pasa la pelota a Rafa como un sombrero por encima de la cabeza de su rival.

El pase bombeado

El pase bombeado es un pase largo y elevado. Lo usan los **defensas** y mediocampistas para disparar el balón al otro extremo de la cancha. Es bueno también para el **tiro de esquina**. Es más arriesgado que un pase corto porque es más difícil controlar dónde aterrizará el balón, ¡sobre todo cuando hay viento!

Con el pie de apoyo justo detrás y hacia el costado del balón, Juan le pega por debajo con el empeine y lo acompaña para dar impulso.

Juan saca el balón de su campo y le llega a Daniel en el medio campo. ¡Excelente defensa, Juan!

La pared

La pared, también llamada triangulación, es una jugarreta que dos delanteros usan ante un defensa solitario. Se pasan rápidamente la pelota entre ellos.

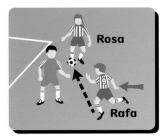

❶ Rafa corre con el balón hacia el defensa. A último momento le pasa la pelota a Rosa.

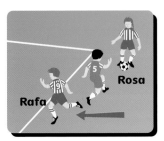

❷ Rafa pasa corriendo al defensa y llega a un espacio libre. El defensa sigue el balón en dirección de Rosa.

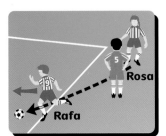

❸ Cuando la pelota llega adonde Rosa, ésta la patea hacia el espacio abierto. Rafa alcanza el balón y corre hacia la meta. ¡Cuida de estar **habilitado**, Rafa!

¡ENTRÉNATE!

Con este ejercicio aprenderás a calcular el tiempo y los pases. Pon cinco conos a un metro de distancia cada uno y haz el ejercicio con un amigo.

Regatea la pelota lentamente por el borde exterior de los conos. Pasa el balón a tu amigo por un espacio entre los conos. Sigue avanzando mientras tu amigo regatea con la pelota y te la pasa de vuelta por otro espacio abierto. Aumenten gradualmente la velocidad y traten de pasarse el balón a medida que corren.

Recibir la pelota

❝ Ya aprendiste a **pasar** el balón, ahora necesitas saber cómo recibirlo. Te mostraré cómo usar los pies, los muslos y el pecho para amortiguar la pelota y para que no rebote lejos de ti. ❞

▲ Edgar Davis, que juega para el equipo Juventus, es un habilidoso mediocampista. Aquí lo vemos controlando el balón con el pecho.

Con el pie

Cuando el balón rueda por el suelo lo puedes parar con el pie. Esa es la manera más simple de recibir la pelota. Levanta levemente el pie del césped y gira hacia un costado para recibir la pelota. Cuando toque tu botín, mueve el pie hacia atrás para absorber el impacto.

Puedes usar cualquier parte de tu pie. Aquí Daniel toca el centro de la pelota con el interior del pie.

Cuando le llega la pelota, Daniel mueve el pie hacia atrás. Esto impide que el balón rebote lejos de su zapato.

En el aire

Si el balón está en el aire, lo puedes recibir con el muslo. Justo cuando está por aterrizar relaja los músculos de tu pierna, esto disminuirá la fuerza en el vuelo del balón. Cuanto más arriba del muslo aterrice, mejor podrás controlarlo, así que ¡no dejes que rebote en tu rodilla!

Con los ojos en el balón, Ana se pone en posición y levanta los brazos para mantener el equilibrio.

Cuando entra en contacto con el balón, Ana levanta suavemente la pierna. ¡Lentamente, Ana, no te pongas tensa!

Con el pecho

Usa el pecho para controlar una pelota que está por caer justo frente a ti. Alinéate para recibir el balón y mantén las manos fuera del camino, ¡para evitar el **toque de mano.**

Ana enfrenta el balón y avanza el pecho para recibirlo. ¡No le saca los ojos de encima!

Cuando el balón aterriza en el pecho, Ana hunde el cuerpo y lo afloja. ¡La pelota cae a sus pies!

¡Así se ataja!

No puedes atajar el balón con las manos, pero puedes hacerlo con los pies. Usa este excelente movimiento para recibir una pelota que está en el aire casi fuera de alcance. ¡Necesitarás mucha práctica!

Equilibrándose con los brazos, Daniel estira la pierna hacia el balón, con la puntera hacia arriba y hacia afuera.

Daniel conecta perfectamente la pelota con la curva del empeine y suavemente la guía hacia el suelo.

CONSEJO

Para detener un balón que rueda lentamente por el suelo, pon la suela de tu zapato encima y presiona.

¡ENTRÉNATE!

He aquí un ejercicio fácil para practicar el control del balón. Párate frente a un amigo y pídele que te lance o patee el balón. Pídele que varíe la altura y la fuerza de cada pase sin decirte lo que va a hacer.

Usa los pies, muslos y pecho para amortiguar el balón que te llega. Trata de que aterrice a tus pies. Si el balón rebota hacia el lanzador tres veces, ¡cambien de posición!

El cabeceo

> ❝¡Ya es tiempo de usar tu cabeza! Pegarle al balón con la cabeza se llama **cabeceo**. No duele nada, pero si eso ocurre, es que no lo haces correctamente. Para acostumbrarte, prueba primero con una pelota blanda.❞

▲ Michelle Akers es buena con los cabeceos y fue una jugadora importante en el equipo ganador de la **Copa Mundial** de Estados Unidos.

Cabeceo básico

Cuando te llega el balón, ponte debajo de él con los ojos abiertos hasta el último momento. Entonces pégale al balón con el medio de tu frente. Envía tu cabeza hacia adelante usando los músculos del cuello. ¡Mantén la boca cerrada o podrías morderte la lengua!

Tomás inclina el cuello y el torso hacia atrás mientras se prepara a cabecear con los ojos abiertos para poder calcular bien su movimiento.

Tomás le pega al balón entre sus cejas y la línea del cuero cabelludo y envía el balón hacia adelante empujando con los músculos del cuello. ¡No le dolió nada!

Cabeceo defensivo

Los **defensas** cabecean el balón para alejarlo de su portería. Muy a menudo dos jugadores persiguen el balón y saltan para alcanzarlo primero con un impulso adicional hacia adelante. Cuanto más fuerte el cabezazo, más alto volará el balón por la **cancha**.

Sara calcula su salto con cuidado. Quiere conectar el balón en lo más alto de su salto.

Sara salta justo a tiempo y conecta la pelota antes que el **delantero**, que es más grande que ella.

Cabeceo de ataque

La precisión es crucial cuando quieres hacer un gol. Puedes controlar y cambiar la dirección del balón oscilando la cabeza en el momento de hacer contacto. Un pequeño toque podría bastar para enviarlo a la meta. Por eso: ¡calcular bien es la llave del éxito!

Rafa se pone en posición para conectar el balón de un poderoso **saque de esquina**. ¡Es el momento de usar la cabeza para marcar!

Cuando Rafa toca la pelota, oscila la cabeza hacia la meta. Con suerte, el balón entrará al fondo de la red.

BUENAS TÁCTICAS

Los defensas deben enviar el balón bien alto y lejos para sacarlo del área de meta. También es importante saber dónde están tus compañeros.

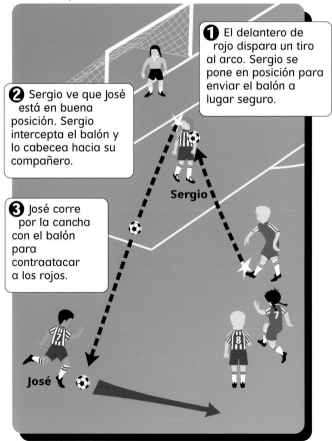

❶ El delantero de rojo dispara un tiro al arco. Sergio se pone en posición para enviar el balón a lugar seguro.

❷ Sergio ve que José está en buena posición. Sergio intercepta el balón y lo cabecea hacia su compañero.

❸ José corre por la cancha con el balón para contraatacar a los rojos.

Sergio

José

¡ENTRÉNATE!

Pídele a un amigo que se ponga detrás del arco y lance la pelota por encima del travesaño del arco. Tu trabajo es anotar puntos con tu cabeza.

Cuando hayas hecho cinco goles, cambia de posición con tu amigo. Una vez que le hayas tomado la mano, puedes pedirle a otro amigo que haga de portero. Así aumentarás la dificultad del ejercicio.

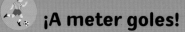
El tiro

❝¡Nunca pierdas la oportunidad de anotar un gol! Mantén la calma y elige tu objetivo. Patea con fuerza el balón y apunta lo más lejos posible del **guardameta** y de los **defensas**. No todos los tiros entran, pero cuanto más practiques, mejor serás!**❞**

▲ Romario fue un **delantero** mortífero que ayudó a Brasil a ganar la **Copa Mundial** de 1994. Aquí patea contra Suecia.

Tiro rasante

Cuando quieres anotar un gol, dispara el balón hacia el interior de uno de los postes. Si te sientes osado trata de dirigir el balón derecho a los pies del guardameta. Mantén el balón bajo. Cualquier arquero te dirá que un poderoso tiro a ras de tierra es de los más difíciles de parar.

El pie de apoyo de Rosa está al costado de la pelota. Rosa lleva el otro pie hacia atrás y le pega en el centro del balón con su empeine.

Rosa le pega bien al balón. Lo acompaña hasta el final. Gracias a eso su disparo es poderoso.

Chanfle

El objetivo de este disparo, también llamado "tiro con efecto", es hacer que el balón salga girando cuando lo pateas para que se desvíe en el aire. Se usa mucho en el **tiro libre directo** y los **penales**. ¡Cuando lo logras, es mortal!

Rafa quiere torcer el balón hacia la derecha, por lo tanto le pega por el lado izquierdo con el exterior del zapato.

Cuando Rafa conecta el balón, éste gira hacia la derecha. Con un poco de suerte, el balón se desviará del guardameta y entrará en el arco.

¡ENTRÉNATE!

La precisión es fundamental cuando se trata de patear y necesitarás mucha práctica. Dibuja con tiza en una pared ocho cuadrados y numéralos del 1 al 8. Patea hacia los cuadrados, comenzando con el número 1.

Trata de pegarle a cada cuadrado por turno, luego trata de darle desde diferentes ángulos y distancias.

La barrera

▼ David Beckham, jugando para Inglaterra, supera la **barrera** italiana con un tiro con efecto en una eliminatoria de la **Copa** de 1998.

BUENAS TÁCTICAS

Cuesta mucho construir un movimiento de ataque. Aquí se muestra cómo trabajando en equipo se crea la oportunidad del gol.

CONSEJO

Prepárate a que el balón se **desvíe** o rebote en el guardián o en el poste. ¡Sigue la pelota y no pierdas de vista tu jugada!

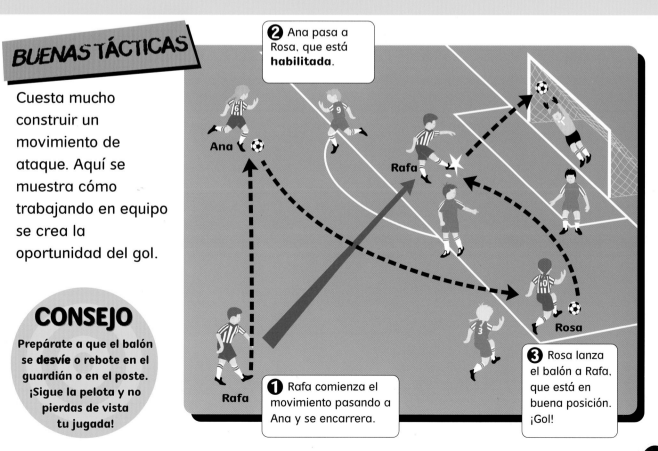

❷ Ana pasa a Rosa, que está **habilitada**.

Ana

Rafa

Rosa

❶ Rafa comienza el movimiento pasando a Ana y se encarrera.

❸ Rosa lanza el balón a Rafa, que está en buena posición. ¡Gol!

La defensa

❝ ¡Cuando se trata de evitar que el equipo rival anote un gol, todos participan, no sólo los **defensas**! Todos deben ser buenos para **marcar** al rival y para el **"tackleado"** (embate o acometida), dos destrezas defensivas importantes. Déjame explicarte... **❞**

▲ El defensa Jaap Stam, salta para cabecear la pelota fuera de peligro, en un partido entre Holanda y Argentina.

Marcar

Hay dos formas de marcar. Puedes marcar a un rival, es decir seguirlo a todos lados o puedes marcar parte de la cancha, defendiendo ese lugar contra cualquier jugador adversario que entre allí.

Sara marca a su oponente siguiéndolo de cerca. Lo puede tocar, pero no puede empujarlo o retenerlo. ¡Eso sería una **falta**!

Ahora, Sara marca parte del campo. Observa cómo se queda entre el arco y el delantero de rojo. Lo sigue de cerca y le cubre el paso cuando se mueve.

Embate básico

Para bien robar la pelota, necesitas mucha práctica y confianza en ti mismo. Sólo puedes quitársela cuando tu rival la tiene, y recuerda ¡puedes patear el balón, no a tu rival!

Juan dobla las rodillas y pone su cuerpo sobre el balón. Usa su peso para enviarlo por encima del pie del rival.

Juan lo logra y se aleja corriendo. ¡Ahora debe seguir el balón y controlarlo!

▼ Christian Karembeu, de Francia, le roba el balón al jugador brasilero Ronaldo con una **barrida**. Karembeu se estira por el suelo y desliza el pie para sacarle la pelota.

Tapar un disparo

Cuando tu rival está por **patear**, trata de **tapar** el camino de la pelota con tu cuerpo. ¡No tengas miedo! Gira hacia el costado y levanta la pierna para conectar el balón. Cuando éste rebota y se aleja de ti, mantente preparado para correr y volver a controlarlo.

Sara

Sara espera hasta el último momento para hacer su movimiento. Quiere estar segura de que el delantero de rojo está por patear.

Sara tapa el tiro con su pierna. Ahora debe vigilar hacia dónde va el balón y tratar de alcanzarlo primera.

¡ENTRÉNATE!

Este es un ejercicio que ayuda a pulir tu habilidad para quitar el balón. Necesitas un amigo y dos balones. Debes proteger tu pelota mientras tratas de capturar la de tu rival.

Cada vez que capturas el balón de tu rival, ganas un punto. Cada vez que pierdes el tuyo, pierdes un punto. ¡El primero que llega a diez puntos es el ganador!

La portería

"El guardameta ve muchas cosas que los otros jugadores no ven, y es por eso que muchas veces me puedes ver gritando instrucciones. Pero el papel del portero es proteger la portería e impedir que el equipo rival anote. He aquí cómo se hace...**"**

▲ Kasey Keller, el portero estadounidense, se zambulle para atajar un tiro raso justo ante el poste.

Atajar tiros altos

Eres el único jugador de la **cancha** que puede tocar el balón con las manos durante el partido. Y aún así, sólo puedes hacerlo dentro de tu área de meta. Un consejo: trata de atajar el balón justo frente a tu cara y no te estires para alcanzarlo a menos que no tengas otra solución.

Julia se pone en línea con la pelota. Sus manos en alto y los pulgares casi tocándose. ¡Vigila la pelota, Julia!

Cuando Julia atrapa el balón, lo empuja hacia su estómago y se inclina para protegerlo con el cuerpo. ¡No lo sueltes!

Atajar tiros rasos

Los tiros rasos son los más difíciles de atajar. El truco consiste en mover todo tu cuerpo sobre el balón y no sólo las manos. Si tienes tiempo, pon una rodilla en el suelo. Inclínate hacia adelante para estar lista a arrojarte encima si rebota y la pierdes. ¡No le saques los ojos de encima!

Un delantero envía el balón a ras de suelo hacia Julia. Rápida como un rayo, se arrodilla y lo detiene con las palmas hacia fuera.

Cuando el balón llega a Julia, su pierna está cerca del balón. Julia lo captura con las dos manos y lo lleva contra el pecho. ¡Bravo, eso es atajar!

El rechace

No siempre podrás atrapar el balón con tus manos. Cuando no puedas hacerlo, recházalo. Pégale con fuerza en dirección de uno de tus **defensas**. Si no puedes pegarle, trata de empujarlo por encima del **travesaño** o fuera de la línea de meta.

El balón viene muy alto. Julia salta para atraparlo, lo alcanza y lo empuja por encima del travesaño.

Julia se zambulle para atajar el balón y lo alcanza con la punta de los dedos. Lo rechaza alrededor del poste y fuera de la línea de meta.

Achicar el ángulo

Un guardameta que enfrenta un atacante en solitario debe salir del **área de meta** y acercarse al balón. Esto hace más difícil para un **delantero** anotar un gol.

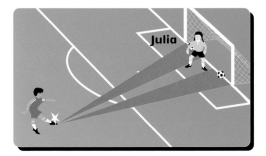

Julia

❶ Julia está al fondo del área de meta. Este tiro no va a ser fácil de atajar. El delantero de rojo tiene un gran espacio para apuntar.

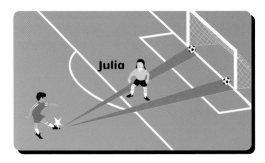

Julia

❷ Julia se acerca y pone al delantero en dificultad porque tiene menos espacio para apuntar. ¡Muy bien, Julia!

¡ENTRÉNATE!

Si te gusta jugar en el área de meta, prueba este ejercicio. Párate en medio del área. Pide a cuatro amigos, cada uno con un balón, que se paren en línea a unos tres metros de ti. Pídeles que se turnen tirando el balón de manera que rebote justo frente a tu línea de meta. A ti te toca atajar cada balón cruzando la línea.

¿Podrías hacer esto? Prueba de espaldas a tus amigos. Pídeles que griten cuando envían el balón. Rápido, date vuelta y trata de pararlo.

Balón parado

" Cuando el **árbitro** toca su silbato, quiere decir que el balón queda "parado" y que el juego debe detenerse inmediatamente. Hay muchas formas de devolver el balón al juego. He aquí algunos ejercicios que debes aprender en caso de **balón parado**... **"**

▲ El guardián francés Fabien Barthez se apresta a disparar un **saque de puerta** largo.

El saque de banda

Si uno de los equipos dispara el balón a la línea de banda, el árbitro concede un **saque de banda** al otro equipo. Generalmente, es el asistente del árbitro, el juez de línea, quien decide dónde cruzó la línea el balón. Cuanto más rápido haces tu saque de banda, mejor, porque mantiene nerviosos a los adversarios.

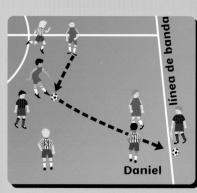

Un jugador de rojo dispara el balón sobre la línea de banda, y el equipo de azul obtiene un saque de banda. El juez de línea indica a Daniel desde dónde debe tomarlo.

Detrás de la línea y con los dos pies en el suelo, Daniel se inclina hacia atrás para tomar impulso. Debe enviar el balón por encima de su cabeza con las dos manos.

El tiro de esquina

Cuando un jugador dispara el balón contra su propia área de meta, el árbitro concede un **tiro de esquina** al otro equipo. ¡Esta es una excelente oportunidad para anotar un gol! Generalmente el mejor tiro de esquina es el de un disparo alto que aterriza en el área de meta. Allí, los delanteros están esperando para enviarlo a la red.

José trata de pasar el balón a Rosa, pero un **defensa** de rojo lo intercepta y lo envía a su propia línea de meta. El árbitro concede un tiro de esquina.

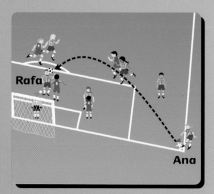

Ana dispara el tiro. Pasa el balón bien alto y aterriza cerca de Rafa. Ahora le toca a él cabecear el balón hacia la meta. ¡Hazlo, Rafa!

Saque de puerta

Cuando un jugador dispara el balón por encima de la línea de meta rival, el árbitro concede un saque de puerta al equipo opuesto. El tiro lo hace cualquier jugador y desde cualquier punto del área de meta. Mientras tiene lugar el saque, ningún jugador adversario puede estar en el área.

línea de meta

Un **delantero** de rojo dispara a la meta, pero el balón pasa por encima del **travesaño** y cruza la línea de meta. ¡Es un saque de puerta para los de azul!

Julia toma impulso y patea un tiro alto y largo al centro de la cancha. Los jugadores en la línea de medio campo corren hacia el balón y saltan para atraparlo.

El penal

Cuando un jugador comete una **falta** seria dentro de su área penal, el árbitro toca el silbato: es un **tiro penal** para el otro equipo. Uno de los jugadores patea el balón desde el área de castigo y trata de anotar. Durante este tiro, todos los otros jugadores deben permanecer fuera del área de penal o área de castigo.

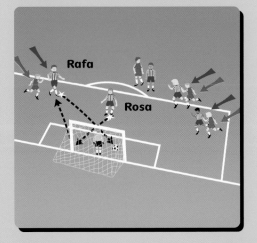

Rafa

Rosa

Rosa tira el penal. Toma impulso y patea un tiro raso hacia el rincón del arco. Cuando dispara, los otros jugadores se adelantan corriendo. El balón le pega al poste y rebota hacia Rafa, quien marca el gol.

El árbitro concedió un **tiro libre directo** al equipo de azul, justo fuera del área penal. Esto quiere decir que pueden **patear** derecho al arco. Los jugadores de rojo forman una **barrera** frente a la meta para **tapar el disparo**, pero el equipo de azul tiene un plan...

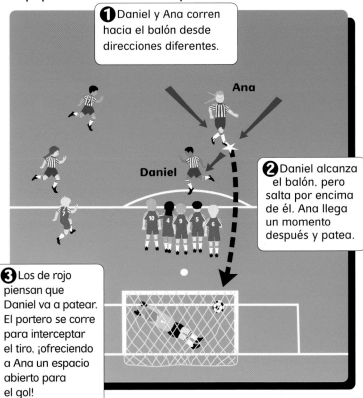

❶ Daniel y Ana corren hacia el balón desde direcciones diferentes.

Ana

Daniel

❷ Daniel alcanza el balón, pero salta por encima de él. Ana llega un momento después y patea.

❸ Los de rojo piensan que Daniel va a patear. El portero se corre para interceptar el tiro, ¡ofreciendo a Ana un espacio abierto para el gol!

Juego avanzado

❝ Una vez que has entendido las tácticas de base, puedes comenzar a aprender destrezas más avanzadas de **fútbol**. Como lo verás ahora, estos movimientos exigen mucha práctica. Perfeccionarlas es lo que hace de un jugador de fútbol, un héroe del fútbol. ❞

▲ Henning Berg, del Manchester United, se lanza hacia adelante para alcanzar el balón con una dinámica palomita.

La volea

Pegarle al balón cuando está en el aire se llama volea. Si eres **delantero**, es muy útil dominar esta técnica. No esperes a que el balón rebote, pégale cuando está en el aire, justo antes de aterrizar. El **guardameta** y los **defensores** no tendrán tiempo para prepararse.

Rafa mantiene su cuerpo y la rodilla impactante sobre el balón para que no se eleve. Con la puntera hacia abajo para mantener bajo el balón.

Volea de costado

Para lograr esta compleja variación de la volea, ponte al lado del balón. Cuando éste se aproxime, gira sobre una pierna e impulsa el pie que patea. No pierdas el balón de vista, inclínate hacia atrás y equilíbrate con los brazos.

Rafa mantiene la cabeza hacia adelante aunque se está inclinando hacia atrás. Esto ayuda a mantener el tiro bajo.

La palomita

Para este cabeceo, debes lanzarte hacia el balón para dar más fuerza al golpe. Calcular bien es importante. ¡Si te equivocas puedes irte de nariz al suelo!

El balón viene hacia José por debajo de su cabeza. José se impulsa con su pie izquierdo y lanza su cuerpo contra la pelota.

José hace una palomita brillante. Balancea con fuerza su cabeza hacia un costado en dirección de la meta y abre los brazos para romper su caída.

◀ Fuerza, cálculo y buen equilibrio son necesarios para realizar este tiro, conocido como "la tijera" o la "chilena", que pasa por encima de la cabeza. Aquí, Joe-Max Moore, de EU, levanta su pie derecho y se equilibra con el izquierdo. Tira el cuerpo hacia atrás y le pega al balón para mandarlo hacia atrás.

BUENAS TÁCTICAS

Aprovecha el tamaño de la cancha. Aquí, el equipo de azul crea un espacio para atacar con un **pase** de balón hacia el borde abierto de la cancha.

CONSEJO

Recuerda: Cálculo, Balance y Control y nunca hagas un tiro difícil donde uno simple baste.

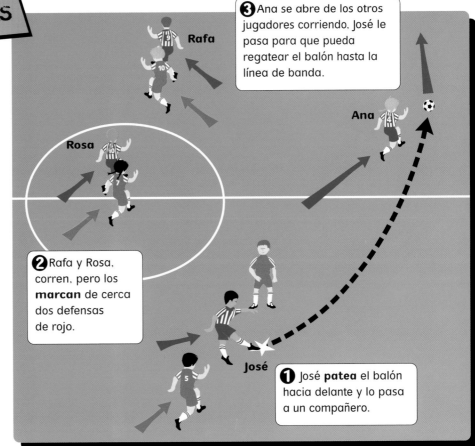

❸ Ana se abre de los otros jugadores corriendo. José le pasa para que pueda regatear el balón hasta la línea de banda.

Rafa

Ana

Rosa

❷ Rafa y Rosa, corren, pero los **marcan** de cerca dos defensas de rojo.

José

❶ José **patea** el balón hacia delante y lo pasa a un compañero.

Hall de la Fama

" Cada tanto aparece un jugador de fútbol extraordinario. Puede haber sido un buen goleador o haber llevado su país a la victoria en la **Copa**, pero una cosa es segura, tiene que tener talento. Ésta es mi lista de los cinco jugadores más talentosos de todos los tiempos. Veamos si estás de acuerdo. "

PELÉ

Nombre Edson Arantes do Nascimento, ¡conocido entre los fanáticos del fútbol como Pelé!
Fecha de nacimiento 21 de octubre de 1940
País Brasil

Sabías que... Pelé es el jugador que más joven que ninguno recibió la medalla de Campeón de la Copa Mundial. Hizo dos goles en las finales de 1958, cuando Brasil venció a Suecia 5-2.
Logros Pelé es el más grande jugador de todos los tiempos. Ayudó a Brasil a ganar tres veces la Copa Mundial. Durante su carrera, Pelé jugó 1.363 partidos profesionales, con un récord de ¡1.281 goles!

RÉCORDS

Brasil conserva el récord de la Copa Mundial. Ganaron cuatro veces el trofeo. La última vez en 1994.

BECKENBAUER

Nombre Franz Beckenbauer
Fecha de nacimiento 11 de septiembre de 1945
País Alemania

Sabías que... Beckenbauer trabajó como vendedor de seguros antes de jugar fútbol profesional.
Logros Beckenbauer jugó para el equipo de Alemania Occidental en la Copa Mundial de 1966 y 1970 y fue capitán de equipo cuando ganaron en 1974. Después de 103 presentaciones por su país, Beckenbauer se retiró. En 1984 volvió al equipo de Alemania Occidental como administrador. En 1990, llevó a sus jugadores a otra victoria en la Copa Mundial.

MARADONA

Nombre Diego Maradona
Fecha de nacimiento 3 de octubre de 1960
País Argentina

Sabías que... El segundo gol de Maradona contra Inglaterra en 1986, en México fue votado el más fabuloso gol de la Copa Mundial de todos los tiempos. Comenzó a regatear el balón en su campo y, antes de marcar, recorrió la cancha pasando ante las narices de la mitad del equipo inglés.
Logros Maradona tenía 16 años cuando comenzó a jugar para Argentina. Capitaneó el equipo en la Copa de 1986 y de 1990. En 1986, Argentina ganó y se votó a Maradona Mejor Jugador del Campeonato.

EUSEBIO

Nombre Eusebio Da Silva Ferreira, ¡conocido simplemente como Eusebio!
Fecha de nacimiento 25 de enero de 1942
País Portugal

Sabías que... Una estatua de Eusebio se eleva en su honor fuera de su viejo club, Benfica, en Lisboa, Portugal.
Logros Eusebio ayudó a Benfica a ganar la Liga Portuguesa siete veces y la Copa de Portugal cinco veces. Jugó para Portugal 46 veces anotando 38 goles, nueve de ellos durante la Copa Mundial de 1966.

GEORGE BEST

Nombre George Best
Fecha de nacimiento 22 de mayo de 1946
País Irlanda del Norte

Sabías que... Antes de firmar con los Manchester United fue rechazado por muchos equipos. ¡Lo consideraban muy flaco y debilucho!
Logros Pelé lo consideraba el jugador más talentoso. Ganó para Man Utd la Copa de Europa de 1968, y fue nombrado Jugador del Año. En un juego de la Copa de la FA en 1970, ¡Best anotó seis goles! Este récord no ha sido vencido hasta hoy.

Frases de fútbol

alineación Antes de un juego, el entrenador decide donde pone a cada miembro del equipo como delanteros o defensas. Esto se conoce como alineación. El entrenador puede hacer que la alineación sea más ofensiva o más defensiva.

árbitro Es la persona a cargo del juego. Asegura que los dos equipos jueguen respetando el reglamento. También detiene y recomienza el juego.

barrida Embate o acometida espectacular que se realiza alargando lo más posible el cuerpo para alcanzar el balón con la punta del pie.

balón parado Cuando ya no se puede jugar la pelota. También le llaman "bola muerta".

cabeceo Pegarle al balón con la cabeza. También le dicen "cabezazo".

cancha Un campo de juego rectangular de un largo mínimo de 53 metros y máximo de 64 y un ancho mínimo de 22 metros y máximo de 30. Cuando juegan niños se hará en las canchas más pequeñas. La cancha tiene que ajustarse a los jugadores.

Copa Mundial Competición internacional que se realizó por primera vez en 1930. Desde entonces se realiza cada cuatro años. Salvo durante la Segunda Guerra Mundial.

defensa Posición de juego o jugador que forma parte de la defensa del equipo.

delantero Posición de juego o jugador que pasa la mayor parte del tiempo en el medio campo delantero tratando de anotar un gol. Se les llama también atacantes.

desvío Una pelota que rebota en un poste, travesaño u otro jugador.

falta Es la infracción a las reglas del fútbol.

FIFA Es la Federación Internacional de Fútbol Asociación, creada en Suiza en 1904. La FIFA decide los reglamentos del juego y organiza competiciones internacionales, como la Copa Mundial.

fuera de juego Cuando un compañero detrás de ti pasa el balón hacia delante. Tiene que haber por lo menos dos rivales a tu nivel o entre ti y la meta. Si no, estás fuera de juego.

fútbol rápido Juegos de 4 contra 4 y 7 contra 7 son los mejores para los jugadores jóvenes. Con menos jugadores y menos reglas hay más posibilidades de pegarle al balón. También se le llama Futbolito.

guardameta La posición de juego o el jugador que cuida la meta de su equipo. También se le llama portero, guardián o arquero y es el único jugador que puede tocar el balón con las manos cuando la pelota está en juego.

habilitado Tener por lo menos dos oponentes a tu nivel o entre ti y la meta al disparar el balón.

marcar Controlar a un adversario para impedirle que obtenga el balón o proteger un área de la cancha.

medio tiempo Un corto intervalo en medio del juego, para que los jugadores puedan descansar y discutir tácticas.

Cuando el juego recomienza, los dos equipos cambian de campo.

mediocampista Posición de juego o jugador que sube por la cancha para atacar o baja la cancha para proteger, según sea necesario.

obstrucción Cuando te pones deliberadamente en el camino de un adversario y lo paras y le sacas la pelota sin tratar de jugar el balón por ti mismo. ¡Eso es una falta!

pared Una barrera defensiva que se forma con varios jugadores uno al lado del otro para detener un tiro libre.

pase Enviar el balón a un compañero de equipo sin usar las manos o los brazos.

patear Tratar de marcar un gol pegándole con el pie al balón frente a la portería rival.

regateo Correr empujando hacia adelante el balón con el exterior o interior del pie y manteniéndolo bajo control. También se dice driblear o gambetear.

saque de banda Cuando un jugador dispara el balón por encima de la línea de banda, un jugador del equipo adversario envía el balón nuevamente al juego. Debe mantenerlo con las dos manos y lanzarlo por encima de su cabeza y con los dos pies en el suelo.

saque de puerta Un tiro que hace el portero o un defensa en su propia área de meta. Con eso recomienza el juego cuando un equipo atacante manda el balón por encima de la línea de meta del equipo defensor.

saque inicial Cada medio tiempo de juego comienza con un jugador que le pega al balón desde el círculo central. También se tira de aquí después de un gol.

tackle Es una palabra inglesa que se usa para indicar el embate o la acometida, y que sirve para robar el balón al adversario.

tapar un disparo Usar tu cuerpo o pierna para parar el balón cuando tu oponente tira a la portería.

tarjeta amarilla El árbitro muestra a un jugador la tarjeta amarilla como advertencia o amonestación por su mal comportamiento o por cometer una falta.

tarjeta roja El jugador que comete repetidamente una falta grave recibe una tarjeta roja y debe salir de la cancha.

tiro de esquina Cuando un defensa patea o desvía el balón hacia su propia línea de meta, un delantero comienza de nuevo el juego pateando el balón desde la esquina más cercana adonde el balón cruzó la línea de meta.

tiro directo Cuando el árbitro otorga a un jugador la posibilidad de patear el balón sin interferencia del otro equipo.

tiro libre directo Un tiro libre en el que el jugador que lo dispara puede tirar directo a la portería y marcar un gol.

tiro libre indirecto Un tiro libre en el que el jugador que patea la pelota no dirige el tiro directo a la meta. Debe hacerlo pasar por otro jugador antes de marcar un gol.

tiro penal Cuando el equipo defensor comete una falta en su propia área penal, el árbitro otorga a un delantero rival que patee el penal desde el punto penal.

toque de mano Es una falta tocar deliberadamente el balón con tus manos. Si eso ocurre, el árbitro otorga un tiro libre contra tu equipo.

travesaño El poste horizontal que reposa sobre los postes de la portería.

Índice

¡Ayuda!

Si quieres saber más sobre cómo jugar al fútbol en tu localidad, he aquí algunos consejos...

● Visita las tiendas de deportes, las bibliotecas, o consulta las Páginas Amarillas de la Guía Telefónica para encontrar organizaciones en tu área.

● Llama algún organismo gubernamental de jóvenes que pueda darte la lista de los equipos y de las organizaciones locales.

● Trata de participar con los equipos que juegan en los parques. Encontrarás amigos y aprenderás sobre el deporte.

● Juega para divertirte y para aprender.

¡Buena suerte y excelentes partidos!